Banker beißen nicht!

Biografie

Gewidmet zum 25. Todestag

Heidrun Katzl, 1938-1999

„Der Tod öffnet unbekannte Türen."

Jürgen Lang

Banker beißen nicht!

Biografie eines engagierten Bürgers

Bibliografische Information der Deutschen Nationalbibliothek: Die Deutsche Nationalbibliothek verzeichnet diese Publikation in der Deutschen Nationalbibliografie; detaillierte bibliografische Daten sind im Internet über http://dnb.dnb.de abrufbar.

© 2024 Jürgen Lang, Fichtestraße 4, 79115 Freiburg

4. aktualisierte Auflage

Illustration: © 2021/2020 Jürgen Lang
Beschreibung: Der Autor und sein Vordtriede-Haus.

Übersetzung: Keine
weitere Mitwirkende: Keine

Herstellung und Verlag: BoD - Books on Demand, Norderstedt

ISBN: 978-3-7347-7238-2

Inhaltsverzeichnis

Prolog — Seite 7

Autor — Seite 9

Badener — Seite 11

Banker — Seite 13

Betriebsreserve — Seite 15

Bürger — Seite 17

Daddy — Seite 19

Elternvertreter — Seite 21

Filmfan — Seite 23

Freizeitsportler — Seite 25

Freund — Seite 27

Friedensstifter — Seite 29

Glückspilz — Seite 31

Gründer — Seite 33

Heimatforscher — Seite 35

Klassensprecher — Seite 37

Kriegsenkel	Seite 39
Kulturinteressierter	Seite 41
Kundenberater	Seite 43
Leser	Seite 45
Lokalpolitiker	Seite 47
Reisender	Seite 49
Scheidungskind	Seite 51
Sitzenbleiber	Seite 53
Spender	Seite 55
Streber	Seite 57
Vereinsvorsitzender	Seite 59
Verkaufstalent	Seite 61
Wehrdienstleistender	Seite 63
Wikipedia-Autor	Seite 65
Zivildienstleistender	Seite 67
Epilog	Seite 69
Vita	Seite 71

Prolog

Der Autor erzählt in klaren Worten von sich, seinen lieben Mitmenschen und seiner Vergangenheit. Anhand 30 Rollen nebst 150 Fragen gibt er Details, zu seinen Erfolgen sowie Leidenschaften preis. Ferner ist die Neuauflage ein Plädoyer für gesellschaftliches Engagement.

Die Idee zu dieser Biografie entstand 2013, nach der Veröffentlichung seiner Buchreihe „Aktien Global". Er wollte sich damit auch bekannt machen. Des Weiteren fungiert es als Referenz.

In der bereits 4. Auflage wurden alle Fragen und Kapitel nochmals überarbeitet. Das Cover sowie Layout sind zudem verbessert worden. Die Bearbeitungszeit betrug fast 5 Monate.

Freiburg im Breisgau, Mai 2024

Der Autor

Autor

<u>Warum wurden Sie Autor?</u>

Nach dem Karriereende als Banker sah ich hier eine Alternative. Ohnehin wollte ich mal ein Buch schreiben. Durch Selfpublishing ist es zwar einfacher geworden, ersetzt aber keinen Brotberuf.

<u>Haben Sie schon vorher geschrieben?</u>

Ja, anfangs Beiträge für die Schülerzeitung oder Leserbriefe für Zeitschriften. Mit dem Beruf und Ehrenamt kamen dann Artikel (auch bei Wikipedia), Briefe, Berichte, Reden sowie Werbetexte hinzu. Mit dem Studium ferner eine Hausarbeit nebst Vortrag, übrigens meine ersten beiden Veröffentlichungen.

<u>Was ist Ihr erfolgreichstes Buch?</u>

Mein Sachbuch zum aktuellen Thema Wohnen. Das Wohn-Ranking ist in dieser Form auf dem Buchmarkt einmalig. Es ist deutschlandweit bei vielen Stadt- und Universitätsbibliotheken zu finden.

Und was noch?

Erwähnen möchte ich die Teilnahmen an den Buchmessen in Frankfurt und Leipzig. Auch sind einige Werke als Literaturangaben bei Stadtwiki Karlsruhe, Wikipedia Deutschland sowie Wikipedia USA zu finden. Ferner gab es eine Buchempfehlung, eine Herausgeberschaft wie auch Hörbücher, Katalogeinträge nebst Übersetzungen.

Wurden Ihre Bücher einmal ausgezeichnet?

Leider noch nicht. Es gab aber Nominierungen: Deutscher eBook Award, Deutscher Hörbuchpreis, Friedenspreis des Deutschen Buchhandels, International Books Award, National Jewish Book Award, Rubery Book Award und Selfpublisher-Buchpreis. Die Nominierung für den Otto-Brenner-Preis bezog sich auf meinen journalistischen Artikel zu Käthe Vordtriede.

Badener

<u>Wo wurden Sie geboren?</u>

1963 In Karlsruhe. Dort lebte ich fast 12 Jahre. Durch die Versetzung meines Vaters zogen wir 1975 erstmals nach Freiburg (meine 5. Wohnadresse).

<u>Wieso erstmals?</u>

Durch meine eigene Versetzung musste ich Freiburg bereits 1985 wieder verlassen. Damit erging es mir wie meinem Vater, der 1958 als Freiburger nach Karlsruhe zog. 2002 kam ich mit Familie, als Wahl-Freiburger, zurück.

<u>Sind Sie ein echter Badener?</u>

Nein, leider nur zu 67 Prozent. Väterlicherseits kommen alle aus Freiburg und mütterlicherseits meine Großmutter aus Karlsruhe. Meine Mutter sowie deren Vater wurden in Berlin (Preußen) ferner Mainburg (Bayern) geboren.

Wie kamen Ihre Eltern zusammen?

1955 kam meine Mutter als kriegsbedingte Vollwaise nach Karlsruhe. Dort lernten sie sich kennen und heirateten 1961. Interessanterweise fand die kirchliche Trauung in meinem heutigen Wohnviertel Haslach statt.

Was bedeutet Heimat für Sie?

Gerade meine Familiengeschichte belegt, dass Heimat stark mit Arbeitsmigration und Krieg verbunden war. Eine Identifikation mit der Heimat war damals eher zweitrangig. Heimat bedeutet mir heute sehr viel.

Banker

<u>Was ist ein Banker?</u>

Es bezeichnet alle Führungskräfte einer Bank. In Großbritannien dagegen alle Angestellten. Oft wird der Begriff mit einem Bankier verwechselt, den Inhaber einer Privatbank.

<u>War es Ihr Berufsziel?</u>

Ja, seit der Schulzeit. Zuletzt war ich Geschäftsstellenleiter im Kaiserstuhl. Damit hatte ich 5 Jahre auf dem Land sowie 15 Jahre in der Stadt gearbeitet (ohne Banklehre). Inzwischen wird diese Position mit dem Titel „Filialdirektor" aufgewertet, trotzallem bleibt man nur ein Kaufmannsgehilfe.

<u>Warum gaben Sie die Stelle auf?</u>

Ideen wurden verwehrt, Kompetenzen beschnitten und Verkaufsdruck ausgeübt. Auch kannte die oberste Führung weder Kunden noch den Markt. Ferner gab es keine Unterstützung für die tägliche Klein-klein-Arbeit.

Welche Kernaufgaben hatten Sie?

Gehobene Vermögensberatung (bis zu 250.000 Euro), Neukundenakquise und Repräsentation. Weiter die Zuständigkeit für eine zweite Filiale (Kombi-Geschäftsstelle), Vertretungen sowie Hausbesuche. Zudem Pflichtveranstaltungen: Coachings, Meetings wie auch Schulungen.

Wie sieht es mit Erfolgen aus?

Trotz kurzer Einarbeitungszeit und Regulierungswut konnte ich 65 Prozent meiner Zielvorgaben erreichen. Mit der Finanzkrise ging es nur noch um Bestandserhalt. Ferner habe ich erfolgreich am Wettbewerb Finanzberater des Jahres 2009 teilgenommen (Platz 154).

Betriebsreserve

<u>Was verbirgt sich dahinter?</u>

Als Bankkaufmann habe ich hier Vertretungen bei Krankheit, Seminarabwesenheit oder Urlaub übernommen. Der Einsatz ging von einem Tag bis zu mehrere Wochen. Es umfasste das gesamte Geschäftsgebiet, inklusive der Hauptstelle in Freiburg im Breisgau.

<u>Wann hatten Sie Ihren ersten Einsatz?</u>

Der war 1983 in der Kontoführung. Durch die vielen Firmenkunden war er gleich mit hoher Verantwortung verbunden. Auch tummelten sich hier meine Chefs.

<u>Welche Aufgaben hatten Sie in Frankenthal?</u>

Anfangs lediglich Kassen- und Schalterdienste. Später kamen noch der Anlagebereich sowie das Kreditgeschäft hinzu. Durch eine Unfallvertretung konnte ich früh, alle Aufgaben eines Kundenberaters wahrnehmen.

Gab es auch Erfolge?

Ja, ich vertrat stundenweise meine Filialleiter und bekam Kreditkompetenz bis 30.000 DM. Ferner wurden mir sporadisch die Haupt- und Sortenkasse übertragen. Diese umfasste die Geldversorgung der Gesamtbank, im Volumen bis zu 1 Million DM.

Wieso endete die Tätigkeit?

Nach über 3 Jahren wollte ich eine feste Stelle als Kundenberater. Leider war keine vakant. Deshalb bewarb ich mich extern.

Bürger

Was sind Sie für ein Mensch?

Ich sehe mich als Gutmensch. Dieser zeigt sich freundlich, hilfsbereit und höflich. Dies bezieht sich auf alle meine Lebensbereiche, trotz der schwierigen Zeit (Egoismus, Fake, Gewalt, Gier sowie Krieg allerorten).

Und als Bürger?

Hier bringe ich mich ein, engagiere mich und versuche etwas positiv zu verändern. Viele Rollen im Buch belegen dies. Stand 2024 war ich bereits 30 Jahre, also mein halbes Leben lang, für die Bürgerschaft ehrenamtlich aktiv.

Sind Sie ein Städter?

Ja, schon als Kind habe ich die Stadt geliebt und dort viel Zeit verbracht. Sie steht für mich für Konsum, Kurzweil sowie Zuflucht. Nur für die Familiengründung habe ich das Land bevorzugt.

Wie sind Sie vom Wesen her?

Bedingt durch meine Vorgeschichte eher ruhig und umsichtig (später zudem hartnäckig). Mein alleinerziehender Vater war nicht nur streng sondern auch cholerisch. Bei seinen regelmäßigen Wutausbrüchen floh ich oder versteckte mich im Zimmer.

Hatten Sie Spitznamen?

Ja, überraschenderweise jede Menge. Als Kind und Jugendlicher waren das: Jimmy (von der Fernsehserie Bonanza), Jockele (Schülerhort), Brillenschlange (Schule), Pedant (Mutter) sowie Yogi Bär (Schule). In der darauffolgenden Erwachsenenwelt wurde ich mit Herr Jung, Herr Kurz, Onkel Jürgen, Wadenbeißer oder auch als Mr. Vordtriede tituliert.

Daddy

<u>Wie ist es Daddy zu sein?</u>

Am Anfang ist alles euphorisch und die Mutter noch zufrieden. Aber ein Baby will dauerhaft versorgt sein. Gepaart mit Beruf, Haushalt sowie weiteren Kindern gibt es richtig Stress.

<u>Und was noch?</u>

In der Gesellschaft spielt der Vater keine Rolle und es wird sogar von Hobby gesprochen. Elternsein ist aber eine Mammutaufgabe, die alle etwas angeht. Stand 2024 bin ich 35 Jahre fast täglich mit Kindern tangiert, mehr als die bezahlten Profis.

<u>Wo würden Sie hier ansetzen?</u>

Beim Geld und der personellen Unterstützung. Das vielgepriesene Kindergeld berücksichtigt weder ein größeres Auto wie auch Wohnung sowie auch keinen einen Erholungsurlaub. Der KulturPass des Bundes sowie die Verlosung Grunderbe sind ein guter Anfang.

Was haben Sie richtig gemacht?

Ich habe meine Kinder bewusst angstfrei und wohlbehalten aufgezogen. Dazu zähle ich auch Bildung, Offenheit sowie Urlaube. Negative Rahmenbedingungen haben vieles torpediert: Besitzlosigkeit, Dauerkrisen, Einzelpersonen, Helikopter-Mütter nebst Verwandtschaft.

Welche Rolle hat Sie begeistert?

Die Rolle als Elternvertreter. Hier gab es viel Verständnis und Wertschätzung, egal ob im Kindergarten, in der Schule oder dem Verein. Leider sind diese Tätigkeiten zeitlich befristet.

Elternvertreter

<u>Wann war Ihr Debut?</u>

Das war 1997 in meiner damaligen Wohngemeinde Budenheim. Ich wurde Schulelternbeiratsmitglied an der Grund- und Hauptschule. Es war der Anfang für viele Jahre Schularbeit.

<u>Welche weiteren Funktionen hatten Sie?</u>

Neben der Funktion als Schulelternbeiratsmitglied war ich Ausschussmitglied Schule, Elternvertreter Hauptschule, Mitglied Festausschuss sowie Mitglied Schulbuchausschuss. An einer Realschule in Mainz übernahm ich danach die Funktionen als Klassenelternvertreter wie auch Schulelternsprecher. Erwähnen möchte ich zudem meine Elternvertretung beim AWO-Kindergarten in Budenheim plus der Realschule in Freiburg.

<u>Was können Sie an Erfolgen vermelden?</u>

Für Budenheim: Interneteinführung (mit Schulungen), Unterschriftenaktion (Volle Halbtagsschule) und Umweltordner. Für Mainz: Elternbriefe, Jugendmaskenumzug sowie Schullogo. Für Freiburg: Elternstammtisch, Herbstfest wie auch Sponsoring.

<u>Wurden Sie mal ausgezeichnet?</u>

Leider nie. Bei der Realschule in Mainz gab es immerhin Einladungen, eine Flasche Wein sowie Lob. Mein spontaner Umzug 2002 nach Freiburg hat es vielleicht verhindert.

<u>Wie lange waren Sie Elternvertreter?</u>

Insgesamt waren es 15 Jahre, davon mit Überschneidungen und Vereinsarbeit. Drei Schulen, einen Kindergarten sowie einen Förderverein Schule durfte ich vertreten. Es waren meine schönsten Ehrenämter.

Filmfan

<u>Sind Filme Ihr Hobby?</u>

Ja, neben den Events und Lesen. Angefangen habe ich als Kind mit US-Serien. Kinobesuche gab es auch in Berlin (Zoo Palast), Frankenthal, Landau, Mannheim, Stuttgart und Worms.

<u>Was sahen Sie als Kind?</u>

In den 70er-Jahren gerne Bonanza, Daktari, Der Kommissar, Flipper oder Raumschiff Enterprise. Später zudem Edgar-Wallace-Filme, Mehrteiler sowie UFA-Streifen. Bei Kino fallen mir heute noch Asterix und Kleopatra nebst Aristocats von Disney ein.

<u>Und als Jugendlicher?</u>

Da sah ich regelmäßig Einsatz in Manhattan, Der Alte, Derrick, Die Straßen von San Francisco oder Drei Engel für Charlie (ab Folge 1). Dann Fernsehfilme, Bud-Spencer-Filme, Film Noir, Slapstick-Filme sowie Zeichentrickfilme. Bei Kino erinnere ich mich noch an Der Spion der mich liebte, Die Kinder vom Bahnhof Zoo, Die blaue Lagune, E.T. wie auch Schlacht um Midway (in Karlsruhe gesehen).

Welche Serien sahen Sie als Erwachsener?

In den 80er-Jahren sporadisch Auf Achse, Ein Colt für alle Fälle, Hart aber herzlich, Magnum oder SOKO 5113. Danach in den 90er-Jahren, wenn möglich, Ally McBeal, Die Nanny, Familie Heinz Becker, Golden Girls oder Ritas Welt. Ab 2000 öfters Danni Lowinsky, Der Dicke, Desperate Housewives, Donna Leon, Ein starkes Team, Großstadtrevier (mit Jan Fedder), In aller Freundschaft, Inspector Barnaby, Rizzoli & Isles oder SOKO Kitzbühel; zuletzt Polizeiruf 110 (mit Schmücke & Schneider), Wilsberg, Tatort (Münster) sowie Praxis mit Meerblick.

Wie sieht es mit Kino aus?

Zuletzt ging ich wieder öfters ins Kino, wie in den 90er-Jahren. Damit leiste ich auch einen kleinen Beitrag zum Erhalt der Filmkultur. 2024 gefielen mir bisher: Eine Million Minuten (Familie), Irdische Verse (Satire), Milli Vanilli (Biografie), Oh La La (Genealogie), The Holdovers (Schule), Umberto Eco (Literatur) sowie Wunderland (Hamburg).

Freizeitsportler

<u>Warum hatten Sie eine Sportbefreiung?</u>

Aufgrund meiner körperlicher Schwäche. Dadurch wurde es aber nicht besser, mehr noch ich wurde zusätzlich gehänselt. Durch ein strukturiertes Leben mit Ausgleich, Bewegung und Ernährung bekam ich es in den Griff.

<u>Was machten Sie in Punkto Bewegung?</u>

Als Kind oft Wandern, Fußballspielen sowie Radfahren (ebenso mit Kettcar und Roller). In der Jugendzeit dann Federball, Tischtennis, Waldlauf, Schwimmen und Rollschuhlaufen. Vor dem Laufsport habe ich mich noch an Badminton, Kegeln, Tanzen (meist nur Disco), Schlittschuhfahren und Volleyball versucht.

<u>Wer motivierte Sie zum Laufsport?</u>

Das war mein Sportlehrer in Freiburg. Er belohnte auch meine Bemühungen mit Lob und guten Noten. Das Potential zum Laufen wurde in meiner Bundeswehrzeit nochmals bestätigt.

Welche sportlichen Erfolge hatten Sie?

Im Schwimmen: Silbernes und Goldenes Jugendschwimmanzeichen. Das Tauchen und Turmspringen waren damals die größten Herausforderungen, da ich spät Schwimmen lernte. Dann folgten Urkunden im Laufen: Drei-Brücken-Lauf, Freiburg Halb-Marathon, Gutenberg Halb-Marathon (Mainz), Freiburger LaufNacht, Heuweiler Meile sowie SportScheck RUN Freiburg.

Und jetzt mit 61 Jahren?

Derzeit habe ich nur noch Kraft für Radfahren, Schwimmen und Spaziergänge. Care-Arbeit, Haus mit Garten sowie Heimarbeit schlauchen einfach. Zeit für einen Ortswechsel.

Freund

<u>Haben Sie einen Freund?</u>

Nein, höchsten einige Stofffreunde. Aufgrund der Ehrenämter, Familien und Kollegen habe ich keinen gebraucht. Auch wird die Bedeutung meines Erachtens überschätzt.

<u>Was meinen Sie damit?</u>

Freund kommt von freundlich. Damit sind doch bereits alle Menschen die mir freundlich gesinnt sind, Freunde. Der Freund ist für mich ein Zwischenschritt zwischen Elternhaus und (vermeintlich erfolgloser) Partnersuche.

<u>Wann hatten Sie Ihren ersten Freund?</u>

Das war 1973. Ich lernte ihn auf dem Spielplatz kennen. Damals wurde ich wieder einmal zu meinen Großeltern abgeschoben.

Und danach?

Da ich in einem anderen Stadtteil von Karlsruhe wohnte, sahen wir uns nur an Wochenenden oder vielleicht den Ferien. Gegenseitige Hausbesuche waren unüblich. Viele unserer Erlebnisse habe ich in einem weiteren Buch veröffentlicht.

Wieso ging es auseinander?

Durch meinen Umzug nach Freiburg haben wir uns aus den Augen verloren, trotz Briefe, Postkarten und Telefon. Einmal besuchte er mich sogar mit dem Mofa an einem Wochenende. Hemmschuh waren immer sein Geld sowie seine Narrenfreiheit, beides hatte ich nicht.

Friedensstifter

Was steckt dahinter?

Durch die Versöhnung über den Gräbern soll dauerhaft Frieden geschaffen werden. So das Credo des Volksbund Deutsche Kriegsgräberfürsorge. Bereits als Jugendlicher habe ich dort gespendet und mich dafür interessiert.

Und im Jahr 2003?

Hier ergab sich die Vakanz als Kreisleiter für Freiburg. Vorher hatte ich nach einem Ehrenamt angefragt. Der Schwerpunkt lag bei den jährlichen Sammlungen.

Wie hatte Ihnen das gefallen?

Da ich ohnehin an Schulen interessiert war, konnte ich so viele Freiburger Schulen kennenlernen. 2004 sammelte ich zudem für die Schule meiner Tochter. Hier wurde ich frisch zum Elternvertreter sowie Schulelternbeiratsmitglied gewählt.

Welche Erfolge hatten Sie?

Ich habe nicht nur die jährlichen Kranzniederlegungen durchgeführt sondern auch Kontakte zur Bundeswehr, der Französischen Delegation und der Stadt Freiburg (auch OB). Neben den guten Sammelergebnissen, schrieb ich einen Beitrag für die Verbandszeitung nebst einem Zeitungartikel. Des Weiteren war ich Landesdelegierter und Bundesdelegierter.

Wurde Sie mal ausgezeichnet?

In der Tat. Für mein langjähriges Engagement für den Volksbund erhielt ich die Bronzene Ehrennadel. Danach noch eine Ehrenurkunde für 10 Jahre Mitgliedschaft. Desweiteren freute ich mich über eine Dankesurkunde von der Kriegsgräberstätte Rossoschka.

Glückspilz

<u>Was passierte nach Ihrer Geburt?</u>

Nach meinem Vater verbrachte ich das erste Jahr im Krankenhaus. Einmal als Frühchen und dann wegen Keuchhusten (meine Stiefschwester starb 1969 daran). Letzteres ist bis heute der Grund, dass ich in den Bergen sowie am Meer besser atmen kann.

<u>Und mit 5 Jahren?</u>

Da bekam ich einen Blinddarmdurchbruch. Dank eines Arztes, der im gleichen Hause wohnte, hatte ich wiederholt Glück. Dieser rief sofort im Krankenhaus an, gab Anweisungen und fuhr mich direkt dorthin.

<u>Wie lief das damals ab?</u>

Bei Ankunft im Krankenhaus und der gefühlt ewiglangen Aufzugsfahrt, wurde ich von vermummten Ärzten und Schwestern in Empfang genommen. Während der Fahrt in den OP erfolgte hektisch die Betäubung mittels einer Maske. Dann war alles schwarz.

Hatten Sie nochmals Angst?

Ja, mit 7 Jahren bei meiner Schieloperation. Ich bekam oft Augentropfen und konnte gar nichts mehr sehen sowie die unangenehmen Abdeckpflaster. Besonders das Besuchsvorbot war schrecklich.

Gab es noch weitere Operationen?

Leider ja. Mit 9 Jahren erhielt ich diesmal eine Mandel- und Polypen-OP. Damit verbunden waren heftige Atem- und Schluckbeschwerden. Der nette Aufenthalt in der Männerstation (mehr Kriegslazarett) kompensierte es etwas.

Gründer

<u>Was haben Sie zuerst gegründet?</u>

1997 einen Schulförderverein in Budenheim. Als Schulelternbeiratsmitglied war mir das ein großes Anliegen. Bereits als Klassensprecher hatte ich Interesse an aktiver Schularbeit.

<u>Und danach?</u>

1999 die Initiative Lokale Agenda 21. Anstoß gab meine Wohngemeinde, die früh das Thema Nachhaltigkeit erkannte. Mein Aufgabenfeld war der Bereich Soziales, was hervorragend zur Schularbeit passte.

<u>Welche Gründung folgte als Drittes?</u>

1999 gründete ich als (neues) Parteimitglied der Grünen eine Jugendgruppe. Diese Aktion war zudem ein Booster für die anstehende Kommunalwahl. Hier hatte ich eng mit der Parteivorsitzenden zusammengearbeitet, die später sogar Ministerin in Rheinland-Pfalz wurde.

<u>Wie sieht es mit Freiburg aus?</u>

2014 gründete ich hier das Vordtriede-Haus Freiburg. Die Gedenkinitiative widmet sich der gleichnamigen jüdischen Familie, die in der Nazizeit fliehen musste. Diese Gründung ergab weitere Rollen.

<u>Haben Sie auch eine Gesellschaft gegründet?</u>

Ja, vor meiner Gedenkinitiative richtete ich eine GbR in Freiburg ein. . 2007 hatte ich mich als Betriebswirtschaftlicher Berater versucht. Durch die Erstellung von Wirtschaftsbriefen kam ich wiederum zum Schreiben.

Heimatforscher

Kann sich jeder Heimatforscher nennen?

Ja, wenn er sich länger mit einem Thema befasst, geforscht und publiziert hat. In der Regel sind es Autoren, Historiker oder Journalisten. Bei mir trifft Autor zu.

Für wen forschen Sie?

Ich forsche für das Vordtriede-Haus Freiburg. Die Gedenkinitiative zählt zu einer meiner Gründungen. Im Jahr 2014 kam mir die Idee.

Was ist das Besondere daran?

Da ich im ehemaligen Wohnhaus der jüdischen Familie wohne, wirkt alles noch authentischer. Durch den Denkmalschutz eignet es sich ideal als Begegnungsstätte und Museum. Das Motto lautet bereits passend: Erinnerung. Forschung. Mahnung.

Welche Erfolge hatten Sie?

Bei Aktionen: Buchpräsentation, Forschungsreise, Stadtführung, Vorträge und Zeitzeugengespräche (Straßenbenennung ist noch offen). Bei der Forschung: Personalakte, Promotionsakte, Schweiz-Dossier, Steuerakte sowie US-Akte. Bei Veröffentlichungen: Artikel, Beiträge, Quiz, YouTube- Video sowie Wikipedia-Seiten.

Und Auszeichnungen?

Hier gab es bereits folgende Auszeichnungen: Stadtpreis für Bürgerschaftliches Engagement (Stadt Freiburg), Dankesurkunde für Soziales Engagement (dm Karlsruhe) und Förderpreis Aktiv für Demokratie (BfDT Berlin). Hinzukommen Nominierungen: Deutscher Bürgerpreis, Deutscher Nachbarschaftspreis, Echt gut! - Ehrenamt in Baden-Württemberg, FAIR ways Förderpreis, Göttinger Friedenspreis, Heimatmedaille sowie Landespreis für Heimatforschung,

Klassensprecher

<u>War es Ihr erstes Ehrenamt?</u>

Ja, aber 1978 wusste ich noch nichts davon. Ich selbst hatte mich gar nicht vorgeschlagen. Vielleicht deshalb, weil ich Klassenbester war.

<u>Hatte Sie das gefreut?</u>

Natürlich, denn seit dem Umzug nach Freiburg 1975, musste ich mich hochkämpfen. Mit Brille und schwacher Statur war das kein leichtes Unterfangen. Meine Leistungen wurden nun erstmals belohnt.

<u>Welche Aufgaben hatten Sie?</u>

In erster Linie vertrat ich meine Lehrerin in Abwesenheit. Auch übernahm ich Botengänge, teilte Reinigungsaktionen ein und half bei der Unterrichtsvorbereitung mit. Ferner vertrat ich die Klasse in der Schülermitverwaltung (SMV).

Und was noch?

Gemeinsam mit meiner Klassenlehrerin führte ich Elternabende durch und berichtete. Das war sehr aufregend, da natürlich auch meine Eltern anwesend waren. Auch bei Ausflügen und der Klassenfahrt hatte ich Aufsicht zu führen, was Fingerspitzengefühl erforderte.

Wurden Sie mal ausgezeichnet?

Ja, 1978 und 1979 für meine Schulleistungen sowie den Einsatz für die Klassengemeinschaft. Diese Buchpreise haben mich echt gerührt. Ebenso die Präsentation meiner Schularbeiten (Aufsätze, Referate und Schulhefte) bei einem Tag der offenen Tür.

Kriegsenkel

Sind Sie ein Kriegsenkel?

Ja, denn der Krieg war bei meinen Großeltern ein Dauerthema. Während mein Karlsruher Opa eher verschlossen war, erzählte meine Freiburger Oma gerne vom Bombenangriff 1944 (hätte sie den Luftschutzkeller nicht wechseln müssen, wäre ich nicht am Leben). Kriegsbedingt waren meine Oma und Mutter Vollwaisen.

Und was waren die Folgen?

Ich stellte permanent Fragen, auch bei einem Ex-Stalingradkämpfer (lief auch im Winter mit dem Unterhemd herum). Mit zunehmendem Wissen wurde ich ein absoluter Kriegsgegner. Seit 2007 bemühte ich mich um Aufklärung des Soldatenschicksals meines Berliner Opas, der seit 1944 vermisst wird.

Waren Ihre Großeltern auch Vorbilder?

Neben meinem Vater auf jeden Fall. Besonders weil ich bei Ihnen viel Zeit verbracht habe (oder musste) und sie zuhören konnten. Da diese auch oft Besuch hatten, konnte ich die Erwachsenen regelrecht studieren.

Wie sieht es mit Eltern & Co. aus?

Meine Eltern leben am Bodensee und haben den Kontakt vor vielen Jahren abgebrochen. Meine leibliche Mutter starb 1999 an Krebs, kurz nach meiner Kontaktaufnahme (mit 61 Jahren, wie ich heute). Bereits 1969 verstarb meine Stiefschwester, meines Wissens noch bevor sie 1 Jahr wurde.

Haben Sie Frau und Kinder?

Ja, ich bin mit einer Freiburgerin verheiratet und habe drei erwachsene Kinder. Alle wurden in Mainz geboren und damit kommen alle aus einer anderen Stadt. So wie bei meinen Eltern und mir war: Karlsruhe, Freiburg sowie Berlin.

Kulturinteresssierter

Sind Events Ihr Hobby?

Ja, angefangen hat es mit Wirtschaftsevents. Erst durch meine Weiterbildung zum Eventmanager wurde mir das Hobby bewusst. Heute stehen Kulturevents für mich an erster Stelle.

Was verstehen Sie unter Events?

Events sind spezielle Veranstaltungen. Aufgrund ihrer Dramaturgie, der Locationauswahl und Zielgruppenorientierung werden diese erst zu einem Ereignis. Das entspricht auch der englischen Übersetzung.

Welche Aufteilungen machen Sie?

Ich teile Events in 5 Gruppen auf: Gesellschaftliche Events, Kulturevents, Natürliche Events, Sportevents sowie Wirtschaftsevents. Desweiteren gibt es noch weitere Unterteilungen. Beispielsweise Bürgerreisen, Festivitäten, Führungen, Narrhalla, Weihnachtsmärkte und so weiter.

Wie lauten Ihre Top-Events?

Stand heute: Börsentag München, Buchmesse Frankfurt, EXPO Hannover, Musical „König der Löwen" Hamburg und Politische Bildungsreise Berlin. Natürlich gab es auch Events in der Heimat: BUGA Mannheim, Invest Stuttgart, Live-Sendung „Verstehen Sie Spaß?" Freiburg, Stadtführung Heidelberg und Stadtgeburtstag Karlsruhe (300 Jahre). Durch die Events ergab sich eine neues Hobby: Deutsche Großstädte.

Und zuletzt?

In 2024 begeisterten mich: Fastnachtsumzug Emmendingen, Führung Uniseum, Gemeindefahrt Ulm (mit Besuch Synagoge), Großbritannien - Markus Braßmann (Mundologia-Reihe), Freiburg, Marktfest Freiburg, Veggienale Freiburg und Waldkircher Sonntag (mit Oldtimer-Schau). Durch die Buchneuauflage besuchte ich Events nur in der Heimat. Das Jahr ist aber noch nicht zu Ende.

Kundenberater

Was zeichnet die Position aus?

Hier hat man festen Arbeitsplatz mit eigenem Schreibtisch. Auch gibt es eine Spezialisierung auf den Anlage- und Kreditbereich. Wie bereits berichtet konnte ich bereit als Betriebsreserve diese Aufgaben wahrnehmen.

Wann wurden Sie Kundenberater?

1988 in Mainz. Damit wechselte ich von einer Großbank zu einer Volks- und Raiffeisenbank. Bewerbungsgespräche gab es hierzu Darmstadt, Frankfurt sowie Frankfurt am Main.

Welche Aufgaben hatten Sie dort?

Nach der Einarbeitungszeit übernahm ich das Baufinanzierungs- und Versicherungsgeschäft. Bereits mein Vater verkaufte Versicherungsprodukte bei einer Bank. Mit dem Börsenhype 1997 übernahm ich das Wertpapiergeschäft und wurde Wertpapierberater B.

Und Erfolge?

Diese Bankzeit war von anhaltendem Erfolg geprägt. Zudem wurden mir Sonderaufgaben übertragen: EDV-Beauftragter, Ersthelfer oder Euro-Beauftragter. Mit meinen Kandidaturen zum Betriebsrat zeigte ich auch meine Eigenschaften als Gutmensch auf, die leider nicht genutzt wurden.

Wieso wechselten Sie zur Versicherung?

Durch den Umzug 2002 nach Freiburg musste ich zügig eine neue Arbeit finden. Hier ergab sich nur eine Vakanz als Kundenbetreuer. Aufgrund der Aufstiegsmöglichkeit zur Führungskraft sowie der besseren Bezahlung, sagte ich zu. Auch gab es eine kostenlose Weiterbildung zum Versicherungsfachmann.

Leser

Ist Lesen Ihr Hobby?

Ja, es ist mein liebster Zeitvertreib. Begonnen habe ich im Alter von 7 Jahren, mit Comics. Schon mein Vater hatte diese bunten Hefte gehabt (Superman & Bat Man).

Welche Comics lasen Sie?

In den 70er-Jahren liebend gerne Bessy, Fix & Foxi, Falk, Micky Maus, oder Silberpfeil. Die Comics von Asterix & Obelix waren mir noch zu schwer. Schnell erkannte ich, dass die Alben anspruchsvoller waren.

Und danach?

Nach Kinder- und Jugendliteratur folgten unzählige Romanhefte: Der Landser, Professor Zamorra, Gespenster-Krimi, Jerry Cotton oder Geisterjäger John Sinclair (ab Band 1). Zudem las ich Auswahlbücher, Humor und Zeitschriften. Mit dem Beruf fokussiere ich mich auf Fachbücher, Monographien sowie Sachbücher (gerne Geschichte).

Was an Unterhaltungsliteratur?

Überwiegend Prosa. Gerne von Autoren wie Dürrenmatt, Fontane, Grillparzer, Harris, Hesse, Marquez, Simenon, Steinbeck, Rellergerd (Jason Dark) oder Zuckmayer. Bei den Autorinnen mit Vergnügen von Allende, Brückner, Christie, Goldsmith, Leon, Maurier, Pausewang, Rowling, Sagan oder Wiemer (Robert Lamont).

Wie sieht es 2024 aus?

Zuletzt gib es zurück in die Vergangenheit: Dämonenland - Das Monster aus der Tiefe (Gruselroman), Disney – Dagobert 84 (Comic), Disney - Young Donald Duck 8 (Comic), John Sinclair Classics - Das Horror-Taxi von New York (Gruselroman), Soldaten- und Fliegergeschichten - Tiger vor Caen (Kriegsroman), Tim und Stuppi - Die Krabbe mit den goldenen Scheren (Comic) sowie Twain - Wie man in Berlin eine Wohnung mietet (Reisebericht). Auch die Trivialliteratur sorgt für Kurzweil und Lerneffekte, zum Beispiel den „Panzertod". Bald werde ich vor allem Exilliteratur lesen.

Lokalpolitiker

<u>Welches Mandat hatten Sie?</u>

Ich war Ausschussmitglied im Gemeinderat Budenheim. Hauptamtlich Rechungsprüfung und Schule (Elternvertreter) sowie Umwelt und Wohnbau (Aufsichtsrat) in Vertretung. Durch meinen Umzug musste ich das Mandat nach 3 Jahren aufgeben.

<u>Welche Partei vertraten Sie?</u>

Die Grüne Liste Budenheim (Platz 6). Dort trat ich erst 1998 eingetreten. Meine gleichzeitige Kandidatur 1999 zum Kreistag Mainz-Bingen, ergab kein Mandat (Platz 35).

<u>Warum wurden Sie kein Ratsmitglied?</u>

Mir fehlten einfach Stimmen. Nur 42 Wähler oder Wählerinnen hätten für den Einzug gereicht. Trotzdem war es als Politneuling ein Erfolg, gerade im Hinblick auf die vielen Einzelstimmen (Panaschieren).

Was konnten Sie mitnehmen?

Ich erhielt erste Einblicke in die Finanzen der Gemeinde sowie in Gremien- und Parteiarbeit. Eine passende Weiterbildung in Kommunaler Haushaltsplan schloss sich an. Ferner übernahm ich weitere Aufgaben: Dammwache und Wahlhelfer (Beisitzer, später Stellvertretender Schriftführer).

Und was noch?

Erstmals wurden Bürgerwünsche an mich herangetragen und ich nahm aktiv am Gemeindeleben teil: Eröffnung Skaterbahn (Vertretung Dezernentin), Feuerwehrtreff, Neujahrskonzert, Rathauserstürmung, Weihnachtsbaumaktion sowie vieles mehr. Weitere Ambitionen blieben ohne Erfolg: Bürgermeister, Parteivorsitzender oder Stadtratskandidat. Danach habe ich mich aus der Politik zurückgezogen (derzeit keine Mitgliedschaft).

Reisender

<u>Wann war Ihre erste Flugreise?</u>

1973 nach Mallorca in Spanien (früher noch als Putzfraueninsel bezeichnet). Da erlebte ich erstmals das Meer und entspannte Eltern. Eine echte Badereise.

<u>Und Ihre erste Städtereise?</u>

1977 nach München, wo ich mich sofort in die Weltstadt verliebte. Damals beschloss ich dort im Alter zu wohnen, was immer noch aktuell ist. Mit München habe ich bislang 31 deutsche Großstädte besucht.

<u>Welche Reisen waren am abenteuerlichsten?</u>

Das war die Rucksack-Reise 1983 nach Kreta, mit Schlafen unterm freien Himmel. Heute nennt man das Aktiv-Urlaub. 1986 folgte eine Rundreise in Portugal (über 5000 Km mit dem Auto).

<u>Wie reisten Sie mit Familie?</u>

Die Familienreisen waren mit dem Auto und dem Flugzeug. Zielländer waren Frankreich, Italien, Niederlande, Österreich und Spanien. Neben Bergen und Meer gab es oft auch nur Camping sowie Städtereisen in Deutschland.

<u>Gab es noch andere Reisen?</u>

Ja, beispielsweise Besuchsreisen, Eventreisen (Bürgerreisen), Geschäftsreisen, Sprachreisen und Vorstellungsreisen. Durch meine Ehrenämter gab es noch eine Forschungsreise (Todtmoos), einen Gastauftritt (Halle), mehrere Mitarbeiterreisen wie auch ein Zeitzeugengespräch (München) hinzu. Eine Leserreise steht noch aus.

Scheidungskind

<u>Wann ließen sich Ihre Eltern scheiden?</u>

Laut meinem Familienbuch 1966, kurz vor meinem 3. Lebensjahr. Diese ging von meinem Vater aus. Die Kombination Berliner Schnauze, Vollwaise und Waisenhauskind konnte einfach nicht funktionieren.

<u>An was erinnern Sie sich noch?</u>

Ich erinnere mich nur noch an meinen Vater und Streit, wenn meine Mutter kam. Ferner an die Begegnung mit einem Schäferhund (war gleichgroß) wie die vielen Zoobesuche (mit den Elefanten Rani & Shanti). Die Wohnung lag unweit des Karlsruher Stadtgartens.

<u>Wie ging es weiter?</u>

Einmal kam meine Mutter mit ihrem neuen Mann (Wiederheirat 1969) zu Besuch und mein Vater stellte mich vor die Wahl sofort zu ihnen zu gehen, was mich sehr irritierte. 1968, also mit 5 Jahren, hatte ich eine neue Mutter und wir zogen in eine beengte Dachgeschosswohnung. Diese lag nur ein paar Straßen weiter von der Erstwohnung in der Südweststadt.

Wieso erhielt Ihr Vater das Sorgerecht?

Mein Vater kannte sich als Polizist auch juristisch aus und hatte Beweise für die Unfähigkeit meiner Mutter gesammelt (auch mit Tonbandaufnahmen). Zudem wurden meiner Mutter Schläge unterstellt. Natürlich gab es schon seinerzeit herzlose Mütter.

Und das Jugendamt?

Das Amt zeigte sich regelmäßig. Die Gespräche mit den Behördentanten waren bedrohlich und fanden sogar in meinem Kinderzimmer statt. Ich wurde auf die Gespräche stets vorbereitet wie auch anschließend belohnt.

Sitzenbleiber

<u>Was war da los?</u>

Nach der Wiederheirat meines Vaters 1968 lebten wir in der Südweststadt (Mansarde und mobiles Klappbett). Frühestens 1970 konnten wir in den neuen Stadtteil Oberreut ziehen. Derweil wurde ich oft zu Oma und Opa geschickt (Nordweststadt, gewohnt von 1974 bis zum Umzug nach Freiburg).

<u>Wann war Ihre Einschulung?</u>

1969 in Beiertheim. Die Grundschule war zwar in einem anderen Stadtteil, hatte aber gegenüber einen Schülerhort (Ganztagsbetreuung). Es wurde mein zweites Zuhause.

<u>Wieso das denn?</u>

Dort war ich erstmals richtig unter Kindern. Es gab Bildung, Essen und Spielmöglichkeiten. Da ich immer der Erste und der Letzte war, wurde ich schnell als Jockele bekannt (meine Eltern mussten mich täglich mit dem Auto fahren).

Wie lief es in der Schule?

Anfangs mit einem Lehrer noch gut, der mich einen Träumer nannte. Mit der Lehrerin gab es dann mächtig Ärger. Es gab Einträge, schlechte Noten und erstmals Nachsitzen (auch nahm sie mir mein Axterix-Klebealbum weg).

Und dann?

Mein Vater erwirkte dann eine Wiederholung der 3. Klasse. Ab da lief es gut und ich bekam sogar eine Realschulempfehlung. Die unsägliche Lehrerin wurde derweil aus dem Schuldienst entlassen (ging danach nach Afrika).

Spender

<u>Wann spendeten Sie erstmals?</u>

Als Jugendlicher für die Kinderhilfe eines Fast-Food-Riesen in Freiburg. Ich fand die Idee der transparenten Spendenboxen an der Theke gut. Auch waren mir Kinder wichtig.

<u>Und als Erwachsener?</u>

Hier spendete ich für Afrika, Müttergenesung und Kriegsgräberfürsorge. Mit der Familie kamen dann Kindergärten, Kirchen und Schulen an die Reihe. Durch Ehrenämter spendete ich zudem für Parteien und Vereine.

<u>Wie sieht es heute aus?</u>

Ich spende dauerhaft für Frieden, Grundeinkommen und Senioren (über Genossenschaft). Durch Soziallotterien kommen noch Inklusion sowie soziale Projekte hinzu. Zudem leiste ich gerne Beiträge bei Benefizveranstaltungen, Kirchenbesuchen wie auch weiterhin für die beschriebene Kinderhilfe.

Gab es auch Sachspenden?

Ja, viele Bücher, zwei Computer und ein Pavillon. Einige der gespendeten Bücher habe ich selbst geschrieben und sind vor Ort zu finden: Bibliothek CCFF, Stadtbibliothek Freiburg, UB Freiburg. Ferner stiftete ich einen Stolperstein für Freiburg.

Wurden Sie mal gewürdigt?

Ja, 2013 mit einer Ehrenurkunde der Kriegsgräberfürsorge. 2021 folgte eine Fördernadel eines Mainzer Karnevalsvereins. Damals hatte ich noch andere Prioritäten und war ein Vereinsmeier (derzeit keine Mitgliedschaften).

Streber

Sind Sie ein Streber?

Klar, denn Wissen ist einer der Schlüssel zum Erfolg. Der Mensch wird an seiner Arbeit, Bildungssstand und Gehalt gemessen. Nett allein reicht eben nicht.

Was ist Ihr höchster Schulabschluss?

Die Fachschulreife Wirtschaft. Damit konnte ich nicht nur meinen Traumberuf Bankkaufmann erreichen, sondern auch meine Lehrzeit verkürzen. Zweifelsohne färbten die Berufe meiner Eltern ab: Kontoristin sowie Versicherungskaufmann.

Und Studium?

Ich absolvierte ein Studium zum Betriebswirt (VWA) in Freiburg und Mannheim. Es dauerte vom September 1984 (noch zur Bundeswehrzeit) bis Februar 1988 (Vortag). Es entspricht heute einem Bachelor-Abschluss.

Welche Berufsabschlüsse haben Sie?

Neben Bankkaufmann bin ich auch Rechnungsführer (Bundeswehr) und Versicherungsfachmann (BWV). Hinzukommen Wertpapierberater B (BVR) , Investmentberater sowie Estate Planer, also Fachausbildungen. Zuletzt bildete ich mich noch zum Eventmanger, Business Analyst nebst Hörbuchsprecher weiter.

Wie sieht es sonst mit Bildung aus?

Aus Eigeninteresse habe ich zunächst Niederländisch gelernt Danach kamen berufsbedingt Englisch, Business English sowie Romanische Sprachen hinzu (mit Schwerpunkt Spanisch). Ferner nutze ich Internet, Newsletter wie auch Zeitungen (tz München, Frankfurter Allgemeine und Neue Zürcher Zeitung).

Vereinsvorsitzender

Wann wurden Sie Vereinsvorsitzender?

1997 für einen Schulförderverein in Budenheim. Die Bekanntgabe zur Gründungsversammlung entnahm ich der Heimat-Zeitung. Da der ehemalige Schulleiter doch noch kam, wurde ich nur 2. Vorsitzender.

Was waren Ihre Aufgaben?

Die Hauptaufgaben waren: Beschaffung von Arbeits-, Lehr- und Spielmaterialien, Förderung der Zusammenarbeit sowie Öffentlichkeitsarbeit. Auch die Betreuungseinrichtung Mühlrad galt es einzubinden. Hier gab es nur ein halbes Deputat.

Welche Erfolge hatten Sie?

Durch meine permanente Öffentlichkeitsarbeit wurde der Verein schnell bekannt und gewann Mitglieder und Spenden. Die Veranstaltungen Bürgermeisterkandidaten, Kindermissbrauch sowie Naturstrom fanden überregional Beachtung. Mit dem Thema Volle Halbtagsschule mischten wir auch die Schulpolitik auf, was auch meinen Parteieintritt bewog.

<u>Wie hat Ihnen das Ehrenamt gefallen?</u>

Es war bis heute mein schönstes Ehrenamt. Ich bekam von allen Seiten Einladungen und wurde im Ort hoch geschätzt. Zudem kam ich mit Lokalprominenz (auch MP)in Kontakt.

<u>Warum gaben Sie das Amt auf?</u>

Es gab leider zunehmend Konflikte zwischen meinem Amt als Schulelternbeiratsmitglied und dieser Aufgabe. Auch wollten viele meine Ideen nicht teilen. Bis zu meinem Umzug nach Freiburg blieb ich dem Verein als Revisor verbunden.

Verkaufstalent

<u>Was war Unterschied zur Bank?</u>

Bei den Versicherungen musste ich verkaufen, Ferner waren Hausbesuche, Kundenanalysten und TTV (Telefonische Terminvereinbarung) zwingend. Als Bezirksleiter hatte ich zudem Homeoffice sowie Organisationsaufgaben, wie bei einer richtigen Agentur.

<u>Hatte Ihnen der Außendienst gefallen?</u>

Natürlich, denn ich hatte Freiräume und lernte in den fast 4 Jahren Land und Leute kennen. Mein Verkaufsgebiet umfasste erst Freiburg und danach Breisgau-Hochschwarzwald. Die Arbeit als Kundenbetreuer in einer Agentur hat mir am besten gefallen.

<u>Gab es auch Sonderaufgaben?</u>

Ja, als Kundenbetreuer habe ich die beiden Agenturleiter öfters mal vertreten. Mehrfach referierte ich auch bei Verkaufsschulungen. Im Krankheitsfalle oder Urlaubszeit fungierte ich zudem als Schadensachbearbeiter.

Wie war die Provisionierung?

Diese war deutlich zu gering. Zudem gab es nur etwas bei Verkauf und keine Bestandsprovision (Passiveinkommen), wie der Vertreter. Von der fehlenden Wertschätzung für den Verkauf (keine Lustfahrten) sowie den marktfernen Zielvorgaben ganz zu schweigen.

Wurden Sie mal belohnt?

Ja, insgesamt drei Mal. Einmal erhielt ich einen Produkt-Preis (Verkauf Bankprodukte), dann ein Fußball-Wochenende in München und zuletzt eine mehrtätige Incentive-Reise nach Budapest. Hier traf ich Vertreter aus ganz Baden-Württemberg.

Wehrdienstleistender

<u>Sind Sie gerne zur Bundeswehr?</u>

Ja, da ich als Rechnungsführer berufsbezogen und heimatnah eingesetzt wurde. Auch hatten mich Militärflugzeuge interessiert. Zudem gab es eine direkte Busverbindung von Freiburg zum Fliegerhorst in Bremgarten.

<u>Was machten Sie als Rechungsführer?</u>

Meist vergab ich Essensmarken, erstellte Reisekostenabrechnungen und bereitete Abfindungszahlungen vor. Zudem wurde ich Ausschussmittglied der Truppenküche. Ich durfte auch den Fahrdienst nutzen und hatte als einer der wenigen, Zugang um Offiziersheim.

<u>Wo war Ihr Grundwehrdienst?</u>

1984 in Manching (Bayern). Er ging 3 Monate und beinhaltete zudem Flugzeugerkennung, Politische Bildung sowie Wachdienst. Auf dem Truppenübungsplatz Grafenwähr der US Army gab es eine Nachtübung wie auch Waffentests (Handgranaten, MG wie auch Panzerfaust).

Welches Ereignis hat Sie hart betroffen?

Das war der Tod eines Kameraden. Er zeigte mir noch wenige Tage zuvor seine Souvenirs von US-Soldaten. Ich lernte ihn auf der langen Zugfahrt nach Hause kennen (Abfahrt 15.00 Uhr Manching, Ankunft 23.00 Uhr Freiburg).

Wurden Sie ausgezeichnet?

Ja, mit dem Veteranenabzeichen der Bundeswehr in 2018. Ich denke mein Engagement als Rechnungsführer, Alarmreserve sowie Teilnehmer an der letzten Wehrübung der BRD (Landesverteidigung 1988 in Bad Bergzabern) haben den Ausschlag gegeben. Durch den kürzlich beschlossenen nationalen Veteranentag hat die Auszeichnung eine weitere Wertschätzung erfahren.

Wikipedia-Autor

<u>Wann haben Sie angefangen?</u>

2015 im Rahmen meiner Gedenkinitiative Vordtriede-Haus Freiburg. Die erste Seite ging über die Emigrantin Fränze Vordtriede, die einst in meinem Haus wohnte. Angemeldet hatte ich mich bereits 2013.

<u>Ist es ein Ehrenamt?</u>

Ja, weil es kein Geld dafür gibt. Allerdings ist eine Vergütung angedacht. Insgesamt bin ich schon 9 Jahre dabei.

<u>Welche Erfolge hatten Sie?</u>

Neben Bearbeitungen, Neuanlagen und Sichtungen, sorgte ich für zahlreiche Bildspenden: Albert-Ludwigs-Universität Freiburg, Hauptkirche Sankt Michaelis, Hannover, Hotel Heidelberg oder Universitätsbibliothek der LMU München (nur ein Ausschnitt). Ferner nahm ich bei Wiki Science Competition 2017 teil, außerdem erhielt ich 2022 einen Zugang für The Wikipedia Library.

Sind Sie damit ein Wikipedianer?

Nein, da ich nicht regelmäßig mitarbeite. Das ist aber eine der Voraussetzungen. Auch habe ich zu noch wenige Neuanlagen.

Werden Sie auf Wiki-Seiten genannt?

Ja, unter Lang (Familienname) als Autor sowie bei Deutscher Caritasverband, Vordtriede-Haus Freiburg und Wohnbaugenossenschaft durch Literaturangaben. Desweiteren bei der USA-Seite Werner Vordtriede, als Gründer der genannten Gedenkinitiative.

Zivildienstleistender

<u>Wieso noch Zivildienst?</u>

Es hatte mich immer gereizt, trotz meines Wehrdienstes, auch Zivildienst zu machen. Beides ist Engagement für die Gesellschaft. So konnte ich meine beruflichen Umbrüche sogar noch ins Positive wandeln.

<u>Was für Tätigkeiten waren das?</u>

2007 war ich Zeitstifter für eine Freiburger Stiftung. 2011 folgte eine Tätigkeit als Sozialassistent eines Pflegeheimes in Freiburg, nahe bei meiner ehemaligen Versicherungsagentur. Erwähnen möchte ich zudem meine Einsätze als Familienbetreuer, für die beiden Schwager nebst Schwiegervater (2007, 2011 und 2013).

<u>Welche Hauptaufgaben hatten Sie?</u>

Als Familienbetreuer und Zeitstifter: Begleitung, Behördengänge, Besorgungen, Besuche sowie Freizeitgestaltung. Danach zusätzlich als Sozialassistent: Hol- und Bringdienst, Organisation wie auch Veranstaltungen (einige selbst durchgeführt). Teils war ich wieder mit dem Auto unterwegs.

Hatten Sie Vorkenntnisse?

Ja, durch meine Tätigkeiten bei Banken und Versicherungen war ich den Umgang mit älteren sowie auch schwierigen Menschen gewohnt. Mein Feingefühl für Trauer nebst Tod entwickelte ich als Nachlassbearbeiter. Vieles davon ist einfach Charaktersache.

Warum hörten Sie auf?

Nach zusammen fast 2 Jahren sah ich meine Mission als erfüllt an. Jetzt galt es sich neuen Herausforderungen zu stellen: Heimatforscher und Wikipedia-Autor. Diese Engagements übe ich noch heute aus.

Epilog

Das Buch hat aufgezeigt, das Banker nicht „beißen". Im Gegenteil sogar „Biss haben". Das beweisen sie auch in anderen Rollen.

Am Lebensanfang werden uns Rollen noch zugeordnet. Als Erwachsener können wir aber selbst entscheiden. Manchmal bringen Rollenwechsel noch mehr Erfolg.

Der Schwerpunkt lag beim Ehrenamt. Auf weitere Rollen, wie etwa Anleger, Genussmensch, Mann, Käufer oder Wähler wurde deshalb verzichtet. Am Ende ergab sich: Die Biografie eines engagierten Bürgers.

Vita

Jürgen Lang, Jahrgang 1963, wuchs in Karlsruhe und Freiburg auf. Nach seinem Studium in Mannheim sowie Aufstieg zum Banker, widmet er sich ganz dem Schreiben.

Seine Bestseller sind derzeit: Wohnen mit Weitblick (2021), Aktien Global - Schweiz (2013) und China - Atemloser Aufstieg (2014). Einige seiner Werke wurden bereits für nationale wie auch internationale Buchpreise nominiert. Ferner war er schon auf Buchmessen vertreten.

Für sein Engagement erhielt der Badener mehrere Auszeichnungen. Er lebt als Autor, Herausgeber und Hörbuchsprecher in Freiburg im Breisgau.